DES CONSÉQUENCES DU REJET,

PAR LA CHAMBRE DES PAIRS,

DU PROJET DE LOI CONCERNANT

LE REMBOURSEMENT

ET LA

CONVERSION DE LA RENTE DE 5 FRANCS,

ET

NOUVELLES CONSIDÉRATIONS

SUR L'APPEL AU RACHAT AU PAIR.

DES CONSÉQUENCES DU REJET,

PAR LA CHAMBRE DES PAIRS,

DU PROJET DE LOI CONCERNANT

LE REMBOURSEMENT

ET LA

CONVERSION DE LA RENTE DE 5 FRANCS,

ET

NOUVELLES CONSIDÉRATIONS

SUR L'APPEL AU RACHAT AU PAIR.

—

SECONDE ÉDITION,

AUGMENTÉE

D'un Avant-Propos.

PAR LE DUC DE GAËTE.

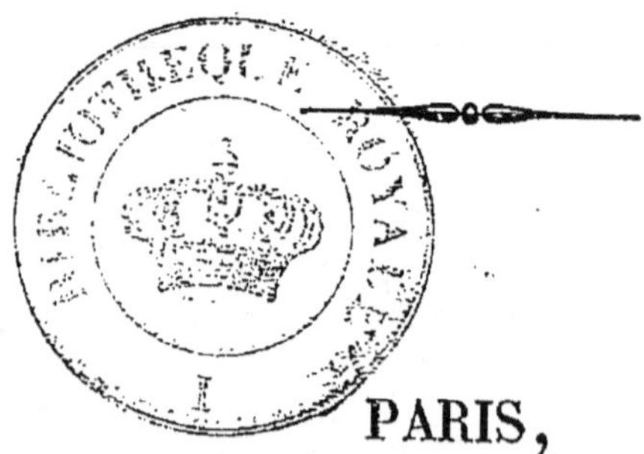

PARIS,

IMPRIMERIE DE GUIRAUDET ET JOUAUST,

RUE SAINT-HONORÉ, 315.

—

1840

AVANT-PROPOS.

Il est pénible de voir une question dans laquelle un principe, aussi généralement reconnu que celui de la *fidélité due aux engagements contractés*, joue un rôle principal, se compliquer, avec le temps, et se dénaturer à tel point, par la discussion, que des partisans sincères et éclairés de la saine doctrine, trompés par de faux arguments, puissent finir par adopter, de la meilleure foi du monde, une conclusion diamétralement opposée.

C'est ce que nous avons vu dans les débats auxquels notre dette publique a donné lieu depuis qu'une loi rendue sous la *restauration*, en 1825, a suspendu, à l'égard de la rente de 5 fr., l'effet de celles de 1816 et 1817, par lesquelles, sous le même Gouvernement, notre système de crédit avait été fondé.

On sait que ce système s'est composé de la créa-

tion d'une rente de *cinq francs*, *à vendre aux en-
chères*, avec la condition expresse qu'*elle serait
rachetée au cours qu'elle prendrait sur la place* ,
par la Caisse d'amortissement , dotée de 40 millions par an , et d'une affectation de 150 millions
sur les bois de l'Etat , indépendamment des arrérages des rentes successivement acquises.

Je crois pouvoir affirmer, sans m'exposer au
reproche d'abonder dans mes idées, qu'il n'y avait
pas, en 1817, un homme de bon sens qui ait pu
croire que ce système constituât l'Etat débiteur
d'un capital de *cent francs* pour chacune des rentes de *cinq francs* qu'il aurait vendues, à quelque
prix que ce fût.

Et voilà pourtant ce que proclament , *de fait*,
depuis plusieurs années, des hommes d'un mérite , en toute autre matière , infiniment supérieur à celui que ferait supposer l'opinion qu'ils
défendent.

N'est-il pas , en effet , de toute évidence que la
rente dont il s'agit n'a été créée avec la garantie
d'aucun autre capital que celui que lui assigne-
rait son cours sur la place ? De sorte que si l'action de l'amortissement n'avait pu élever ce cours
au dessus de 75 ou 80 ; ou bien si , avec plus de
prévoyance , lorsque la rente avait atteint 70, on

en avait limité le rachat au maximum de 80 (*que l'on n'avait jamais espéré*), nous rachèterions encore aujourd'hui notre dette sur ce pied, sans que personne imaginât de se fonder *sur sa dénomination* pour proposer de lui retirer l'amortissement, et d'*emprunter* 2 milliards pour en rembourser 100 millions *au pair*.

Qu'y a-t-il cependant de changé à l'état où seraient les choses, dans la double hypothèse que je viens d'établir, si ce n'est que le maximum du rachat a été définitivement arrêté à 100 fr. par la loi du 1er mai 1825 ? Où était donc *alors*, et où serait *aujourd'hui* la difficulté de mettre la Caisse d'amortissement à portée d'agir *à ce taux*, comme elle l'aurait fait, dans l'autre supposition, *à celui de* 80, sans aucune contradiction ? Et si, parvenue à cette hauteur, la rente, définitivement classée, avait cessé de se présenter au rachat, la clause formelle du contrat n'aurait-elle pas exigé que les créanciers fussent appelés, par la voie du sort, à recevoir le paiement du capital qui leur avait été promis ? Cette clause a-t-elle perdu de sa force par la disposition de la loi de 1825, qui a maintenu, du moins, le principe de l'amortissement, en fixant la limite du rachat de la rente à 100 francs, non à cause de son titre de *rente*

5 *p*. 100, mais parce que l'*on avait laissé son cours s'élever jusque là* (1) ?

Car il faut bien enfin reconnaître que le système adopté en 1817 n'a aucune analogie avec les formes de nos anciens emprunts dont le capital, ainsi que le taux de l'intérêt, étaient exprimés au contrat ; mais le Ministre des finances, M. le comte Corvetto, à la mémoire duquel je me plais à rendre hommage, au lieu de faire établir *un grand-livre particulier* pour la nouvelle rente, jugea apparemment plus commode pour les opérations du Trésor de la faire inscrire à celui *du* 5 *p*. 100, et ce fut ainsi qu'elle fut cotée à la Bourse *sous ce titre*, sans que la loi y eût autorisé, et sans que l'on y ait attaché aucune importance. Il en résultait seulement l'*assimilation* des faibles restes de notre rente ancienne, si souvent mutilée, à la *nature*

(1) Je ne me permets pas de décider si l'inconvénient du rachat de la rente à un taux plus élevé, même au delà du cours de 100 fr. qu'elle avait fini par obtenir, n'aurait pu être compensé par la situation prospère dans laquelle le crédit se serait trouvé placé pour de nouveaux emprunts et pour les diverses opérations du Gouvernement. De très bons esprits, plus particulièrement frappés de la dépense que pourrait occasionner un amortissement, *sans limite*, ont manifesté une opinion contraire et je dois la respecter. Cette discussion serait d'ailleurs aujourd'hui tout à fait sans objet. Je dois prendre les choses dans l'état où elles étaient en 1825.

de celle nouvellement créée qui les soumit à son régime ; ce qui, du reste, a été sans le moindre inconvénient, tant que l'amortissement a pu agir sur cette partie de notre dette. Le mal a commencé du jour où la confusion opérée en 1817 a fourni un prétexte aux attaques qui lui ont été portées sous le rapport de l'excès du *prétendu intérêt* auquel nous étions soumis ; comme si nous avions jamais payé, pour nos nouveaux emprunts, *un intérêt*, proprement dit, et non réellement *un effet public d'une valeur fixe*, que nous n'avions pas plus le droit de réduire, parce qu'elle résultait d'un contrat régulier, que nous n'aurions celui d'altérer *le titre* de la pièce de 5 francs qui circule, comme la rente, sous l'autorité et sous la garantie légales !

C'est sur ce prétexte élevé pour la première fois, que fut fondée, en 1824, la première proposition du remboursement ou de la conversion de la rente. M. de Villèle promu au ministère des finances avec la mission de procurer une indemnité d'un milliard aux émigrés, imagina de faire créer, dans cette vue, 30 millions de rente 3 p. 100.

Il préluda, à ce projet, par la proposition d'une loi qui ordonnait le remboursement de la rente *au pair*, c'est-à-dire, à raison de 100 francs pour 5 de rente, *par de nouveaux emprunts* dont l'objet n'aurait pas dû être moindre que *deux milliards*; où la réduction aux quatre cinquièmes de celles dont les propriétaires se refuseraient au remboursement. Il devait résulter de cette opération une économie de trente millions de rente, qui fournirait le moyen de satisfaire à l'indemnité, sans qu'il en coûtât rien au trésor. Nos créanciers en auraient seuls fait les frais!...

Heureusement pour le crédit, auquel cette proposition était si contraire, elle fut rejetée par la Chambre des Pairs dont la détermination obtint l'approbation générale.

L'année d'après, une nouvelle loi fut présentée pour la création des 30 millions de rente 3 p. 100 destinés à l'indemnité, et la proposition de 1824 fut reproduite, en rendant facultative, pour les créanciers, l'acceptation, soit du remboursement au pair, soit de la conversion de la rente de 5 fr. en une autre de 3 p. 100 au cours de 75 qui établissait un revenu de 4 p. 100 du capital de 100 fr. représenté par la rente nouvelle.

On empruntait, ainsi, pour la première fois, à l'Angleterre cette manière, qui lui a si malheureusement réussi, de déguiser à la multitude le véritable taux des emprunts, en cotant à 3 francs une rente qui, livrée au cours de 75, en coûtait réellement 4 à l'Etat, et de donner, par l'ensemble de ce nouveau système, aux fonds publics, ce que les spéculateurs appellent *l'élasticité* nécessaire aux combinaisons du jeu dont les funestes effets se font ressentir journellement chez nous. C'est une obligation que nous avons à cette époque du dernier gouvernement, et que l'histoire appréciera.

Une disposition particulière de la loi du 1er mai 1825 suspendait l'action de l'amortissement à un cours supérieur à 100 fr. que la rente de 5 fr. commençait à dépasser; quoiqu'il eût été facile, comme je l'ai déjà dit, d'organiser la continuation du rachat au cours de 100 fr.; mais la *suspension* n'avait pas été préférée sans motif. Ce fut, à sa faveur, que, par un ordre ministériel qui parut être une conséquence naturelle de la loi, toutes les forces de l'amortissement furent portées sur les 3 p. 100 dont on avait espéré élever rapidement le cours, au profit de ses nouveaux propriétaires, par cette mesure véritablement illégale. Cet espoir fut néanmoins déçu. La nouvelle rente parut sur la place avec une défaveur marquée, et il ne put plus être question de cette série d'emprunts qui formait éventuellement la seconde branche de cette vaste et désastreuse spéculation.

La Chambre des Pairs, préoccupée de la crainte de compromettre le sort de *l'indemnité*, avait voté la loi qui l'assurait, sans qu'elle parût apercevoir le coup porté au système de crédit dont elle avait si solennellement consacré le principe, l'année d'auparavant, en autorisant la *substitution facultative* d'un mode de remboursement, *fictif pour l'état*, puisqu'il ne pouvait s'opérer que par *de nouveaux emprunts*, au rachat par la Caisse d'amortissement ; *seul* autorisé par le contrat, parce qu'il éteignait, tout à la fois, et le capital, auteur de la rente, et la rente elle-même, avec une économie très importante pour les contribuables, par la puissance de *l'intérêt composé*.

Comment concilier l'indifférence avec laquelle on a traité, depuis 1825, *le capital* d'une rente considérable sur l'état, et le soin que l'on prend de prescrire aux départements et aux communes, *l'extinction*, dans un délai déterminé, de celui des emprunts qu'ils sont autorisés à faire ?

Pourquoi, si l'on n'y apercevait pas un danger réel, ne leur permettrait-on pas d'imiter l'exemple que l'on annonce depuis si long-temps l'intention de leur donner ?

Une saine logique ne signale-t-elle pas là une grave inconséquence ?

La conversion *facultative*, autorisée en 1825, ne produisit qu'un profit de 6 millions de rente enlevés principalement à tous ceux à qui leur dépendance du Gouvernement ne permit pas de résister à sa volonté, exprimée dans un journal officiel, de manière à leur en faire sentir les conséquences. « Tous ceux, disait-on, qui se refuse-
» ront à la conversion, déclareront par là qu'ils
» n'ont aucune confiance dans le Gouvernement
» du roi. »

On imposait ainsi à tous les fonctionnaires inscrits au Grand-Livre le devoir de l'obéissance !

Au moyen de ce qu'aucun remboursement n'avait été demandé, en vertu de la loi de 1825, ni à cette époque, ni depuis, la surprise faite à la religion de la Chambre des Pairs n'avait eu aucune suite, et était depuis long-temps oubliée, lorsque M. Goin conçut la pensée de ressusciter la proposition rejetée en 1824, du remboursement ou de la conversion. Elle apparut tout à coup avec le mérite de la nouveauté, et surtout celui de favoriser le retour de la spéculation dont j'ai parlé plus haut, et qu'avait fait échouer, une première fois, la décision de 1824. Elle fut accueillie avec une grande faveur par L'OPINION abusée sur sa légalité et sur les résultats que l'on pourrait en attendre, dans l'intérêt public. Après d'assez longues hésitations causées par des circonstances financières qui nous auraient jetés dans de si graves embarras, si elles nous avaient trouvés engagés dans un vaste système d'emprunts (circonstances de nature à se reproduire toujours au moment où l'on s'y attend le moins), elle fut présentée en 1838 à la Chambre élective, qui l'adopta et la soumit à celle des Pairs. Celle-ci, libre alors de la crainte qui l'avait préoccupée en 1825 n'a pas hésité à rendre, en la rejetant, un nouvel hommage au principe conservateur du crédit, la fidélité aux engagements contractés.

Voici ce que M. le comte Roy, ministre des finances, fidèle aux principes que nous avions professés tous deux dans la Chambre élective de 1816, disait à la tribune de celle de 1819, dans la discussion du Budget de 1820 :

« Lorsqu'en 1816 le Gouvernement voulut en-
» trer dans la carrière du crédit qu'il a suivie de-
» puis, il sentit la nécessité de placer à côté des
» emprunts auxquels il était forcé de recourir,
» une Caisse d'amortissement fortement dotée,
» qui assurât aux prêteurs l'extinction, dans un

» nombre d'années déterminé, de la dette nou-
» velle que la France se trouvait obligée de con-
» tracter ; mais cette institution ne comportait
» pas seulement une dotation annuelle destinée
» à l'amortissement de la dette. Elle devait, par
» sa nature, tirer sa principale puissance de *l'in-*
» *térêt composé* dont ses revenus devaient s'aug-
» menter chaque année, jusqu'au temps prévu
» de son amortissement.

» Le Gouvernement établit en conséquence les
» calculs de l'amortissement» (à un cours très in-
férieur à celui de 100 fr. auquel rien n'autori-
sait à penser qu'elle pût jamais parvenir) « par
» des tableaux qu'il communiqua aux Chambres,
» en y comprenant les intérêts progressifs des
» rentes qui seraient acquises.

» C'est, *sur la foi de ces calculs et de ces pro-*
» *messes*, que les prêteurs se sont engagés dans
» les emprunts, et que le *public est devenu pro-*
» *priétaire de rentes*. On ne pourrait donc y man-
» quer sans porter atteinte à la foi publique.

» Le premier intérêt de l'Etat est toujours une
» inviolable fidélité à ses engagements (1). »

Nous étions alors trop près de l'époque de nos

---

(1) *Moniteur* des 6 premiers mois de 1820, p. 838.

emprunts pour que ces réflexions fondées sur des faits encore présents à tous les esprits, pussent éprouver aucune contradiction. Aussi déterminèrent-elles le rejet d'un amendement qui portait atteinte à la loi de l'amortissement.

On a vu comment l'opinion, qui était encore si prononcée, en 1824, avait été pervertie par les faux raisonnements dont la loi de 1825 a été la source.

On a vu aussi par quelle circonstance la rente nouvelle, contre la lettre et l'esprit de la loi de 1817 qui avait créé 6 *millions de rente* de 5 fr., avait été cotée à la Bourse sous la dénomination insignifiante *de rente 5 p.* 100, quoiqu'elle n'eût avec celle-ci aucune analogie. Peut-on penser que la bonne foi la plus ordinaire permît d'abuser de *l'élévation imprévue du cours* pour prétendre que cette même rente *ait changé de nature* et ne soit plus celle créée sous l'empire des lois de 1816 et 1817, avec la condition du rachat par la Caisse d'amortissement qui nous avait été si favorable?

On a cherché, dans une loi de la Convention nationale, une autorité en faveur du *droit de remboursement* qui n'avait assurément nul besoin de cet appui. On aurait pu invoquer de même en faveur *de la conversion* l'exemple du Directoire exécutif qui avait aussi très habilement calculé qu'en convertissant la rente 5 p. 100 en *tiers consolidé*, il procurerait aux contribuables, ou plutôt au trésor public (car on ne pensait guère aux contribuables alors,) un bénéfice, clair et net, des *deux tiers supprimés*. On sait ce qui est advenu de cette savante combinaison. Deux ans après, le gouvernement consulaire trouva ce tiers, *prétendu consolidé*, à 7 ou 8 sur la place et le taux de l'intérêt de l'argent pour le service public à 3 et jusqu'à 4 p. 100 *par mois* (1). C'est ainsi que le crédit sait venger, tôt ou tard, le mépris des lois qu'il impose et que les contribuables finissent toujours par payer, *au centuple,* les profits illicites qu'ils avaient obtenus. Colbert qui avait donné, dans les premiers temps de son ministère, l'exemple pernicieux dont on s'autorise aujourd'hui ; plus tard, au milieu des prestiges d'une administration brillante, ne put obtenir qu'à *des intérêts usuraires*, les sommes

(1) Cependant, j'ai entendu, sous la Restauration, reprocher, par un homme grave, dans un rapport public, à ce Gouvernement de n'avoir pas su faire ses affaires, à son début, à aussi bon marché que l'on a pu les faire depuis. Voilà la justice des contemporains !

que les besoins de la guerre ont dévorées ; parce que, disait, il y a cent ans., Forbonnais, *ses premières opérations avaient jeté la défiance dans toutes les familles.*

Ce n'est pas là une vaine théorie ; c'est de l'histoire.

Du reste, le système des *conversions* ou *réductions* de rentes avait toujours été en crédit sous l'ancienne monarchie. Particulièrement, celles connues sous le titre de rentes *sur les tailles,* étaient établies, chaque année, dans ce qu'on appelait les *Etats du roi* qui étaient arrêtés au conseil et formaient le titre des payeurs. Elles étaient, de temps en temps, soumises à des *réductions,* jusqu'à ce que leur modicité permit, enfin, de les faire disparaître, sans scandale et sans bruit. Il suffisait de les retrancher des Etats du roi. C'est de cette manière que s'exerçait alors le *droit de remboursement.*

Voilà ce que j'ai vu sur la fin du règne de Louis XV, à mon début dans les finances auxquelles j'ai consacré ma vie, et ce qui a dû m'inspirer peu de sympathie pour un régime financier qui ne se recommandait que par de semblables résultats.

N'est-il pas évident que l'on agit, depuis 1825,

comme si la France, libre de tout engagement antérieur, avait eu à délibérer sur le nouveau système qui pourrait être avantageusement substitué *pour de nouveaux emprunts*, à celui de l'amortissement ; sans considérer que celui-ci, dont on ne pouvait nier les importants services, était consacré pour la rente de 5 fr. par des lois que l'on ne pourrait rapporter, qu'en violant des promesses qui garantissent des intérêts que l'on paraît méconnaître : Ceux, on ne peut trop le répéter, du crédit, qui n'existe que par la confiance qu'inspire un passé exempt de tout reproche : ceux des contribuables étroitement liés comme on vient d'en voir un ancien exemple, à la puissance du crédit : et enfin ceux des rentiers, *contribuables eux-mêmes*, dont la cause ne peut par conséquent être séparée des deux autres (1).

Ne doit-il pas y avoir un terme à des aberra-

(1) Le projet, actuellement soumis aux Chambres réduirait la rente de 5 fr. à 4 fr. 50 c. garantis de toute nouvelle réduction pendant 10 ans. Il y aurait, dans cette période, un profit annuel de 10 ou 12 millions au profit des contribuables, *restant, d'ailleurs, débiteurs du capital primitif* de ces nouvelles rentes.

Le *rachat* par la caisse d'amortissement, sans priver les rentiers appelés au rachat de plus du 10ᵉ de leur revenu actuel, et *en remplissant fidèlement nos engagements*, procurerait, à la

tions qui nous feraient tant de mal, lorsque les circonstances nous rendraient de nouvelles ressources nécessaires? Quelle foi pourrait-on donner à nos promesses, lorsque les anciennes auraient été si peu respectées?

Cette considération, fondée sur une conviction intime, me détermine à reproduire le travail que j'avais publié, en 1838; dans l'espérance que l'importance de son objet pourra enfin appeler l'attention sur lui au moment où la proposition rejetée pour la seconde fois, en 1838, par la Chambre des Pairs, se représente, toujours sous les mêmes couleurs.

Comment, en effet, se persuader que, dans un Gouvernement *constitutionnel*, on se détermine à repousser un plan (dont je n'ai pas la vaine prétention de croire que le mode d'exécution ne pût recevoir aucune modification utile, mais qui a

fin de la 1re décennalité, l'annulation au profit des contribuables de *vingt millions* de rentes rachetées, et, en même temps, *l'extinction* d'un capital de. . . . . 400,000,000 fr.
opérée par l'emploi de la dotation de 32 millions pendant 10 ans : soit. 320,000,000

et par conséquent avec un bénéfice provenant
de *l'intérêt composé de*. 80,800,000

du moins l'avantage de maintenir un système qui a sauvé la France), sans lui avoir même accordé la faveur d'une discussion dont celle de la loi proposée offrirait l'occasion naturelle?

Je suis loin de méconnaître l'importance des grands travaux publics auxquels une partie de la réserve de l'amortissement est appliquée : je pense seulement que ce n'est pas *aux dépens de nos engagements* qu'il doit y être pourvu.

Toutefois, je conçois qu'il pourrait être difficile de réparer les effets de la loi du 17 mai 1837 pour le passé. Des travaux commencés, peut-être sur une trop grande échelle (car le bien lui-même a ses limites), peuvent exiger, pour leur achèvement, le secours des 195 millions qui paraissent rester disponibles sur la réserve. Eh ! bien, que l'on en dispose encore, s'il le faut; mais qu'à partir de 1840, les 32 millions qui appartiennent à la rente de 5 fr. soient rendus à leur destination, et qu'à l'avenir on cesse de compter sur cette ressource pour aucun autre emploi. Ce retour aux principes peut encore nous réconcilier avec la doctrine dont nous n'aurions pas dû nous écarter, et nous en assurer les bienfaits pour le maintien, dans tous les cas, de la dignité et de l'indépendance de la France.

Eh! qui oserait garantir que nous soyons enfin arrivés à l'époque de LA PAIX PERPÉTUELLE qu'avait rêvée, il y a plus d'un siècle, le bon abbé de Saint-Pierre?

DES CONSÉQUENCES DU REJET,

PAR LA CHAMBRE DES PAIRS,

DU PROJET DE LOI CONCERNANT

LE REMBOURSEMENT

ET LA

CONVERSION DE LA RENTE DE 5 FRANCS,

ET

NOUVELLES CONSIDÉRATIONS

SUR L'APPEL AU RACHAT AU PAIR.

Tout a été dit, en 1824 et depuis, soit, dans les deux Chambres, soit, dans les feuilles publiques ou dans les écrits particuliers, pour, contre et sur le remboursement et la conversion de la rente de cinq francs.

Les nouveaux défenseurs de cette proposition ne voulant pas distinguer un expédient excusé, plutôt que justifié par la difficulté des circonstances; d'une mesure choisie, dans un temps prospère, s'étaient appuyés de l'exemple de deux ministres, justement célèbres, sans tenir aucun compte de l'état dans lequel ils avaient trouvé les

affaires, à ces époques reculées; et sans considérer que Sully et Colbert n'étant liés par aucun
engagement contraire, à l'égard de la partie de la
dette qui avait été légitimement contractée, tandis que l'autre était le résultat de créances peu re-
commandables par leur origine, avaient pu se
croire parfaitement libres dans les déterminations
qu'ils avaient à prendre.

Et cependant, on leur en a fait un reproche
sérieux, comme d'une atteinte portée à la doctrine du crédit.

Ces anciens exemples avaient donc été mal
choisis, et ne pouvaient être d'aucune autorité,
quoi que l'on en ait pu dire, encore, dans la dernière discussion qui a déterminé le vote de la
chambre des pairs.

Un fait grave, auquel on n'a jamais paru faire
la moindre attention, avait néanmoins toujours
dominé la question du droit de remboursement
si longuement débattue. L'histoire nous apprend
que *la perpétuité de la dette publique a constamment conduit à la banqueroute!*

Il résultait naturellement de ce fait *capital*,
qui, par sa notoriété, se trouve hors de toute
contestation, que le remboursement de la dette
avait, dans tous les temps, été, pour l'Etat, non

seulement un *droit*, mais plus encore un *devoir* trop malheureusement négligé ou méconnu : j'entends toujours un remboursement *réel*, produisant l'extinction définitive de capital et de la rente; à la différence de celui p urement *nominal* que tout débiteur d'une rente constituée peut faire, aux termes du Code civil, quand il lui plaît, à l'aide de nouveaux emprunts, en reportant, ainsi, la charge du capital et de la nouvelle rente sur sa postérité, à tous risques pour elle.

C'est en confondant, à dessein ou par irréflexion, sous une dénomination équivoque, deux actes qui diffèrent aussi essentiellement dans leurs effets, que l'on avait pu créer des dissentiments apparents sur un point de doctrine dont on avait été chercher la solution jusque dans la loi du 24 août 1793!... tandis que l'institution même de l'amortissement ne l'avait jamais laissé, un instant, douteux, puisqu'elle constituait, sous nos yeux, un mode de *remboursement* spécialement affecté à la rente de 5 francs. Celui que le projet de loi y substituait, *par un abus de mot*, n'était, comme l'a dit, avec tant de justesse, l'éloquent rapporteur de la chambre des pairs, qu'un *artifice* afin d'arriver à la conversion, en faveur de laquelle on ne dissimulait même pas ses préférences; et l'opinion s'était facilement prévenue pour une opération qui devait, disait-on, infaillible- ment produire la baisse de l'intérêt de l'argent et faire refluer d'immenses capitaux vers l'agricultu- re, l'industrie et le commerce; en déterminant, de plus, dès le premier moment, une réduction au profit des contribuables, de dix ou douze mil- lions, sur un budget d'un milliard!!!.... Sans dou- te, en principe, aucune économie *légitime* n'est à dédaigner; mais aucune, aussi, n'est *permise*, privée de ce caractère; à moins d'une de ces né- cessités qui commandent aux lois elles-mêmes.

Le prestige, dont je viens de parler, soutenu, d'abord, par des orateurs d'un talent distingué, devait jeter, dans beaucoup d'esprits, les incerti- tudes qui avaient prolongé des débats auxquels le jugement porté, pour la deuxième fois, par la chambre des pairs, à la suite d'une savante dis- cussion, doit avoir mis un terme. Comment pour- rait-on, en effet, se flatter d'égarer, encore une fois, l'opinion désabusée des illusions qui l'a- vaient séduite, et revenir sur les questions d'é- quité, d'utilité et d'opportunité d'un projet que ses auteurs avaient eux-mêmes reconnu ne pou- voir se défendre que par une spontanéité, au moins, apparente, de la part des parties intéressées, (condition désormais impossible à remplir) du reproche d'illégalité qui, autrement, lui serait victorieusement opposé?...

Il faut pourtant remarquer que quelques membres de la majorité de la chambre des pairs, ont encore fondé, en partie, leur opposition au projet de loi sur le droit et l'intérêt prétendus des rentiers à conserver toujours leurs rentes ; sans apercevoir qu'ils appelaient, par là, cette même *perpétuité* dont le témoignage irrécusable des faits atteste les suites déplorables, et dont les créanciers qu'ils voulaient servir, devraient être, un jour, les victimes. Cette erreur, née d'un bon sentiment, cédera facilement à la réflexion; elle ne peut que ramener tous les hommes conséquents à la stricte observation d'un système de crédit dont l'exécution éprouvée peut seule prévenir le retour des calamités auxquelles une dette aussi considérable que l'est déjà la nôtre, abandonnée à elle-même (comme elle l'aurait été, de fait, dans la voie nouvelle où l'on voulait entrer), exposerait toujours l'avenir de la France; avenir dont on ne prétendra pas, sans doute, que nous ayons le droit de disposer arbitrairement.

Il est vrai que, dans la persuasion que la rente

dont le gouvernement devait être forcé, par la rigueur des temps, de traiter à vil prix, ne devrait jamais, quel que pût être le succès de l'amortissement, s'élever jusqu'au cours de 100 fr., qui n'avait pas eu, jusque là, d'exemple chez nous, on ne songea pas même, dans l'origine, à fixer, à l'action de cet agent, une limite :

Et c'est ainsi que, par l'incurie du gouvernement de la restauration, ou par une combinaison destinée à favoriser le plan qu'il méditait, dans une vue purement politique, le cours avait fini par dépasser 100 fr.; *faute d'avoir déclaré, dès qu'il s'était approché de ce taux que, là, devraient se borner les espérances des spéculateurs sur les rentes de cinq francs; ce qui, loin de blesser aucun intérêt légitime, aurait laissé encore une marge pour de nouveaux profits, en assurant, d'ailleurs, la rentrée intégrale des capitaux qui auraient continué d'être confiés à la rente, dans le cercle tracé par la loi.*

Il faut aussi reconnaître que l'intention de parvenir, par l'action de l'amortissement, à l'extinction graduelle de la dette (au moins, jusqu'à concurrence de ce qu'il n'aurait pas été jugé, plus tard, convenable d'en conserver, provisoirement, dans l'intérêt public lui-même), que cette intention, dis-je, aurait exigé que, dès le principe, il fût pourvu à un autre cas, qui en eût rendu la réalisation impossible; celui où la rente, définitivement classée , ne se serait plus présentée sur la place, ou n'aurait pas suffi, dans le cours d'une année, à l'emploi des fonds disponibles de la caisse d'amortissement.

Il eût été naturel, alors, d'ordonner que, dans ces différents cas, l'amortissement, de *volontaire*, qu'il avait été, jusque là, deviendrait *obligé*, et que les créanciers y seraient appelés par la voie du sort, sur le pied du cours le plus élevé auquel les derniers achats auraient été opérés , jusqu'au taux de 100 fr.

En effet, qui veut la fin, dit un ancien adage, veut les moyens ; et personne n'admettra que l'accomplissement du vœu, clairement exprimé, de la loi, eût pu être sciemment subordonné, par ses auteurs, à la volonté arbitraire de l'une des parties contractantes; ou qu'ils eussent entendu, dans une autre hypothèse, condamner l'Etat à des sacrifices sans bornes, pour racheter la rente à tout prix.

Les conditions que je viens d'indiquer, récemment accomplies, ici même, pour le compte de gouvernements étrangers, n'auraient assurément pas effrayé les prêteurs, au moment où ils ne devaient donner que 54 ou 55 fr. pour 5 fr. de rente. La certitude, pour eux et leurs familles, d'obtenir, dans toutes les suppositions, la rentrée intégrale du capital qu'ils auraient déboursé, après avoir joui, pendant long-temps, d'un intérêt élevé, leur aurait, bien plutôt, paru le prix de la preuve de confiance qu'ils donneraient au pays, dans la situation critique où il se trouvait, à cette désastreuse époque.

La faute commise par le dernier gouvernement, et l'imprévoyance excusable des auteurs de la loi primitive, doivent-elles être considérées comme des obstacles absolus au retour à l'esprit dans lequel notre système de crédit avait été conçu? Je ne saurais le penser, par les considérations suivantes :

Il est incontestable, d'une part, que l'Etat ne s'était jamais engagé à racheter la rente au dessus de 100 fr. ; de l'autre, que la prescription de la loi de 1825, tout tardive qu'elle avait été, n'avait pu autoriser une semblable espérance : que par conséquent, ceux des possesseurs actuels qui ont continué, malgré la loi nouvelle contre laquelle il n'avait même été élevé aucune réclamation , d'acheter au dessus du pair qu'elle déterminait , ont volontairement couru la chance de perdre , en tout ou en partie , la différence , soit , par l'effet naturel d'une baisse , soit , lorsque l'amortissement auquel la rente était soumise , viendrait à les atteindre , au pair , de quelque manière que ce fût.

La loi de 1816 conserve donc toute sa force , et l'intérêt de tous les temps nous commande de rendre au système qu'elle a fondé l'action continue qui en constitue la puissance.

Mais , là , finit le droit que le contrat nous donne, ainsi que le devoir qu'il nous impose. Il nous autorise , nous oblige même , à amortir la rente de cinq francs , en y appliquant , annuellement , une portion fixe des revenus publics ; mais il ne nous permet pas de la *réduire :* pas plus d'offrir , pour jeter , sur cette intention , un voile que trahirait sa transparence , d'en restituer le capital par de nouveaux emprunts qui nous feraient seulement changer de créanciers. Le Code civil , si mal à propos invoqué , est ici , comme on l'a déjà vu , sans application. C'est *ce remboursement, proprement dit* , qui produit l'extinction , en capital et intérêts , de la dette , que veut la loi , et par le procédé qu'elle prescrit, parce qu'il est le seul dont on puisse, raisonnablement et de bonne foi, attendre la libération réelle, en même temps qu'économique, de plusieurs milliards, en affranchissant l'avenir des chances du passé. Tout ce qui se ferait de contraire, quelque *habileté* que l'on pût y mettre, *et à cause de cette habileté même*, porterait une atteinte mortelle à la confiance, et par conséquent au crédit. Car on sait que généralement, il n'est pas au plus *fin*, mais au plus *fidèle*.

Je l'ai déjà dit ailleurs ; le système que nous avons adopté nous est propre, et n'a point été, comme on pourrait le croire, par tout ce qui s'est répété, depuis long-temps, une imitation servile ou mal habilement conçue, de ce qui s'était fait chez nos voisins, dans la position où la haine connue du célèbre Pitt pour les principes de notre première révolution, les avait placés. Obligé de pourvoir aux dépenses d'une guerre européenne dont il devait faire, en grande partie, les frais, sans qu'il pût en apercevoir le terme, il lui avait fallu un instrument capable de produire, à l'aide, tant des capitaux immenses que les profits du commerce du monde accumulaient dans son pays, que d'un papier-monnaie, et par une illusion qui

ne devait durer qu'un temps, des effets propor-
tionnés à la grandeur des besoins qu'il prévoyait.
Les révélations parvenues de ce pays même, nous
ont appris que son *prétendu* amortissement n'avait
jamais reposé que sur de nouveaux emprunts qui
grossissaient perpétuellement la dette fort au delà
de tout ce qu'il en pouvait racheter, chaque année. Ce n'a été qu'au moment où, après la paix, les
yeux s'ouvrirent enfin sur cette longue déception
(que l'histoire reprochera amèrement à son auteur,
malgré le succès que des hasards, qu'il n'avait pu
prévoir, ont procuré, après dix ans de combats
dont *un hiver de moins* aurait pu changer entiè-
rement les derniers résultats) ; ce n'a été, dis-je,
qu'à cette époque que le gouvernement se dé-
cida à supprimer un agent dont il ne lui était
pas possible, d'ailleurs, de supporter, plus long-
temps, le poids, inutilement ajouté à celui de
800 millions d'intérêts d'un capital de 20 milliards. Il ne suit donc pas, depuis vingt ans, *un*
nouveau système qu'il ait préféré, comme on a
voulu nous le persuader : il *subit* évidemment
une nécessité qui ne lui avait pas laissé le choix
des moyens, et il est trop éclairé pour s'en dis-
simuler les suites plus ou moins éloignées, lors

même que nos annales ne les lui auraient pas, depuis long-temps, apprises (1).

On conçoit difficilement que l'emploi d'un palliatif indispensable, là, *où il est du moins autorisé par le contrat*, ait pu nous être, tout à l'heure encore, présenté, par des hommes de mérite, comme une leçon que nous dussions suivre, dans la situation *opposée* des deux gouvernements : circonstance considérable qu'ils semblent avoir tout à fait négligée.

On a cité d'autres états de l'Europe qui, dans ces derniers temps, auraient aussi *réduit* leurs rentes, sans considérer que l'usage de ce dangereux expédient avait dû être prévu dans les engagements contractés ; ce qui n'a pas eu lieu chez nous : ou bien, qu'il aurait été le produit d'un *abus de la force* obéissant elle-même à une exigence supérieure dont nous sommes heureusement affranchis ; ce qui nous laisserait sans excuse.

Je rappelle que le système que nous n'avons

---

(1) Ces faits sont, depuis long-temps, publics à Londres ; on les retrouve dans tous les écrits qui nous parviennent, chaque année, sur les finances de ce pays où l'on est loin de partager l'admiration qu'elles excitent chez nous.

pas le droit d'abandonner (au moins pour les emprunts contractés sous l'empire des lois de 1816 et 1817), se recommande par l'extinction de 1,800 millions de capitaux, qu'il avait, déjà, réalisée, avec une épargne notable sur la dépense d'un remboursement, au pair, lorsque la loi de 1825 est venue arrêter sa marche ; et qu'il serait tout préparé pour éteindre, en trente ans, avec la dotation de 32 millions qui appartient à la rente de 5 francs, pour 100 millions de rente, dans ce fonds, au capital de 2 milliards, en économisant plus d'un milliard, au profit des contribuables, sans aucun dommage pour les créanciers, sur ce qu'aurait coûté, à la même époque, à la suite du paiement de la rente, pendant trente ans, le remboursement (s'il eût été possible, tel qu'on doit l'entendre) du même capital au pair (1).

Jugera-t-on que, si l'importance de la dette de l'Angleterre lui avait permis d'espérer, de son

______

(1) Ce système d'opération aurait l'avantage de rendre la libération plus prompte et moins coûteuse ; mais elle priverait les contribuables de tout soulagement pendant 30 ans.

Le tableau qui termine cet écrit présente les résultats définitifs, de l'annulation décennale que je propose des rentes rachetées.

amortissement, un semblable service, elle eût été tentée d'y renoncer, pour recourir aux procédés dont on doit s'étonner qu'on lui fasse, ici, un mérite?

Ne conviendrait-il donc pas d'examiner, enfin, si le projet de l'appel au rachat *au pair*, par la voie du sort, en annulant, tous les dix ans, les rentes rachetées, ne pourrait pas mettre notre amortissement à portée de nous rendre, légitimement, les bons offices que nous avons encore droit d'en attendre, et nous dispenser de l'inutile soin de les chercher dans les idées nouvelles dont la *nature* de nos engagements ne nous permet pas même de nous occuper?

Ce projet satisfait, d'abord, à tout ce qu'il nous est permis de faire en faveur d'un intérêt pour lequel nous ne pouvons rester indifférents, en adoucissant, autant que possible, pour les rentiers, l'exécution de la condition à laquelle ils se sont incontestablement soumis, lorsqu'ils ont accepté une rente *amortissable* ; qui, par conséquent, n'a jamais eu le caractère d'une *ancienne rente perpétuelle* qu'ils auraient bien certainement repoussée, et avec beaucoup de raison, à l'époque malheureuse de nos premiers emprunts. Je ne pense pas qu'il puisse s'élever, à cet égard, le moindre doute dans l'esprit de tous ceux qui se souviennent que l'adoption même d'un amortissement puissant ne put engager, au début, que des capitalistes *étrangers* à se livrer aux premières opérations dont les grands profits décidèrent, plus tard, les spéculateurs *français* à s'y associer. Ce fait, bien connu, justifie une assertion qui en est la conséquence naturelle (1).

Ainsi, rien, dans l'appel au rachat, dont nos créanciers pussent se croire fondés à se plaindre, et qui ne fût, au contraire, parfaitement conforme à leur véritable intérêt, comme à celui de leurs familles préservées, dans l'avenir, de la ruine à laquelle, dans le système contraire, elles n'auraient point échappé.

(1) Il y a, entre l'ancienne rente *perpétuelle*, et celle *amortissable*, cette différence essentielle, que le remboursement de la première était purement facultatif pour l'état, sans que les créanciers eussent, de leur côté, le droit de l'exiger ou de s'y refuser ; ce qui constituait ce que l'on a appelé un contrat *léonin* ; tandis que la loi constitutive de l'amortissement oblige également les deux parties contractantes.

J'ai vainement cherché où l'on avait puisé le droit de renverser cette législation régulière, vivante, qui, après avoir rendu un immense service, en promet de nouveaux d'une égale importance ; pour ressusciter celle que l'on peut dire *barbare*, qui avait disparu avec l'ancienne monarchie, après avoir fait, pendant des siècles, le désespoir des familles et la honte du Gouvernement.

Je ne me dissimule pas que ces vérités devront trouver, au premier abord, peu de faveur auprès de ceux de nos nombreux créanciers qui se seraient accoutumés à considérer leur rente comme une sorte d'immeuble transmissible, toujours intact, à tous leurs descendants; mais n'y aurait-il pas une faiblesse *coupable* à taire ces mêmes vérités, par quelque motif que ce pût être, et à se conduire comme si elles n'existaient pas?...

Le mode que je propose offre aussi le moyen de procurer successivement aux contribuables, que nous ne devons pas non plus perdre de vue, et auxquels les rentiers eux-mêmes ne sont point étrangers, un double bénéfice: l'un, sur les frais du rachat, par l'effet de *l'intérêt composé;* l'autre, par l'annulation décennale, tant des rentes rachetées, que du capital qu'elles représentaient, au pair: car il ne faut point oublier que ce *capital*, que l'on semble ne considérer que comme un *être de raison*, n'en est pas moins l'*auteur* de la rente, qui ne peut disparaître qu'avec lui.

Voilà des avantages que l'on peut présenter avec une juste confiance, et qui ne ressemblent point aux promesses décevantes auxquelles un premier essai de la *conversion*, en 1825, avait, depuis quatorze ans, si mal répondu, qu'il est

vraiment étonnant que, dans un pays aussi éclairé que le nôtre, on eût pu encore s'y laisser
prendre.

Du reste, l'appât de la baisse de l'intérêt de
l'argent, par la conversion de la rente, aurait été
vainement présenté à l'opinion, si elle l'avait
soumis à un examen attentif : elle aurait bientôt
reconnu, d'abord, que le taux de l'intérêt dépen-
dait de plusieurs circonstances qui ne permettaient
pas qu'il fût, précisément et constamment, le même partout et pour tous : puis, que la décroissan-
ce du taux courant, dans chaque localité, ne pouvait être produite, sans inconvénients et sans
dangers, que par *le cours naturel des choses*, seul
capable de prévenir les difficultés que l'interven-
tion inopportune de l'autorité ferait naître, et
qui porteraient, dans les affaires, un trouble dont
elle serait dans l'impuissance d'arrêter les effets ;
Que, d'un autre côté, le bien général exigeant
que la *production* et la *consommation* puissent
marcher, toujours, d'un pas à peu près égal, le
même événement (la baisse de l'intérêt) ne pouvait être considéré comme un signe de prospé-
rité publique, qu'autant qu'amené insensible-
ment et sans secousse, il s'arrêtait au point convenable pour que l'utilité qui en serait résultée,

dans les premiers moments, pour le *producteur*, ne fût pas promptement détruite par une réduction immodérée dans le revenu du *consommateur*; et que l'équilibre nécessaire ne pouvait être maintenu, entre l'un et l'autre, que par le même arbitre dont je viens de parler : toujours, le cours naturel des choses. Le principe des anciens économistes : « Laissez faire, laissez passer, » trouve, là, une juste application.

Et il ne faut pas, non plus, perdre de vue que le malaise du consommateur, par suite de l'abaissement exagéré de l'intérêt, affecterait, dans une proportion inappréciable, le produit des droits sur les consommations, qui forment une partie si importante du revenu public. Le recouvrement des autres impôts en deviendrait, aussi, d'autant plus difficile; la société se trouverait, ainsi jetée brusquement, dans une situation toute nouvelle, dont il serait impossible de prévoir et de calculer les conséquences.

Ces considérations semblent pouvoir être, raisonnablement, opposées au système qui recommande les emprunts, au *plus bas* intérêt possible, avec *augmentation du capital*, dans la double vue, de donner aux fonds publics l'*élasticité* que la spéculation réclame pour l'entretien *du jeu*, dont les résultats sont connus, et d'établir, en même temps, un régulateur du taux général de l'intérêt. Heureusement ce système serait aussi impuissant pour amener cette seconde calamité, que la *conversion* l'aurait été pour réaliser l'espérance que ses partisans avaient si légèrement conçue, de pouvoir (par le simple changement de dénomination de la rente de *cinq francs* réduite à *quatre*) faire descendre ce même taux général à son niveau.

Que peut-il, en effet, y avoir de commun entre eux ? est-ce donc la dénomination de la rente qui détermine le taux de l'intérêt qu'elle produit? n'est-ce pas réellement son cours sur la place ?

Ainsi, une rente de 4 fr. au cours de 80, produirait à son acquéreur un intérêt de cinq pour cent ; au cours de 100 fr. , il n'en retirerait que quatre, et moins encore, à un cours plus élevé.

Il en est de même de la rente de 5 fr. qui, depuis qu'elle a dépassé le pair, n'a plus présenté un intérêt de 5 p. 100.

C'est, de cette manière, que le bon état des fonds publics ménage au gouvernement des conditions plus favorables pour de nouveaux emprunts, et que, par sa permanence, il peut prendre, avec le temps, sa part d'influence sur le

taux de l'intérêt, dans les transactions particulières, ainsi que sur l'emploi d'une partie du capital circulant ; mais il n'y a rien, dans tout ce-
la, qui soit relatif au chiffre dénominateur de la
rente, au grand-livre et au bulletin de la bourse.

N'y avait-il pas eu aussi une grave erreur à
penser qu'un remboursement opéré par de nouveaux emprunts, dût faire augmenter la masse
des capitaux actuellement affectés aux opérations
agricoles, industrielles et commerciales ? comme
si le retour, dans la circulation, de la somme qui
en serait sortie par les emprunts, aurait pu faire
autre chose que de la remettre au même état où
elle était auparavant ! N'était-ce pas, suivant une
expression vulgaire, prétendre tirer *d'un sac,
deux moutures ?* à moins que l'on n'eût imaginé
qu'il aurait suffi du passage du capital des emprunts, des mains des prêteurs, dans celles de
nos créanciers, pour que son emploi dût prendre, tout à comp., une direction nouvelle ; ce
qui n'avait réellement aucune vraisemblance.

Je reviens à mes propositions, dont ces réflexions, qui ne m'ont pas paru déplacées, m'ont,
un moment, écarté.

La mesure avec laquelle s'opérerait nécessairement, par l'emploi d'une somme de 32 millions

seulement, par an, et du produit des arrérages des rentes rachetées, la diminution de la masse de la rente de 5 fr., répond à l'inquiétude de ceux qui se préoccupent principalement de la crainte de voir notre dette se réduire au dessous de ce qu'elle serait jugée devoir être, pour lier toujours une partie suffisante des fortunes particulières à la fortune publique.

Ainsi la rente de 5 fr. figure au budget de 1839 pour la somme de 147 millions qui paraît n'offrir à l'action de l'amortissement qu'environ 100 millions de rente.

Or, avec la dotation de 32 millions et son accessoire, appliqués au rachat, au pair, il faudrait dix années pour opérer celui de 20 millions de rente.

Au moyen de l'annulation décennale des rentes rachetées, chaque décennalité ne pourrait donner que le même résultat.

Et il serait toujours facile de ralentir les effets de l'amortissement sur cette partie importante des fonds publics, s'ils ne s'étaient pas accrus, en général, dans le cours des deux premières périodes, dans une proportion propre à calmer la sollicitude dont j'ai parlé plus haut. Ce serait à la sagesse du gouvernement de juger jusqu'à quel point il pourrait céder à cette considération, sans compromettre, par une imprudente exagération, le but essentiel de l'institution.

Ce plan semblerait donc remplir le double objet, de nous acquitter honorablement de l'engagement que nous avons pris d'éteindre graduellement la rente de 5 francs, et de conserver, A L'AVENIR, la faculté de maintenir, autant qu'il serait utile, la masse des fonds publics, à divers intérêts, à la hauteur dont on jugerait à propos de ne pas la voir, encore, descendre.

Il est malheureusement plus à craindre que de nouveaux besoins, dans un intervalle de vingt années, n'éloignent, d'eux-mêmes, l'inconvénient dont je crois que l'on aurait tort de s'épouvanter; celui de manquer d'un nombre *satisfaisant* de créanciers.

La situation dans laquelle la loi de 1825 a placé la rente de 5 francs aurait plus sûrement, encore, le danger d'exposer les contribuables à succomber, comme autrefois, un peu plus tôt, un peu plus tard, sous le fardeau de la dette, par l'accumulation des intérêts des nouveaux emprunts que des événements extraordinaires auraient rendus indispensables.

La prudence conseille, ainsi, comme la loyauté

nous le commande , de ne plus différer de mettre fin à une stagnation funeste.

Peut-on , au reste , méconnaître l'influence qu'exercerait toujours sur le crédit la fidélité à laquelle, après plusieurs années d'erreurs, nous aurions fini par revenir, pour n'en plus violer les lois ? Serait-ce sérieusement que l'on aurait pu se flatter d'obtenir un semblable bienfait du renouvellement des mutilations arbitraires que la rente avait si long-temps subies, et dont nous avons recueilli les derniers fruits, sous le Directoire exécutif , en l'an 6 ?

Pour peu que l'on veuille pénétrer au fond des choses, on aperçoit, dans ce qui se passe, chez nous, depuis quinze ans, la lutte persévérante de l'intérêt de quelques uns , contre celui du plus grand nombre. Le premier tend à persuader que tous les capitalistes de l'Europe sont voués, exclusivement, aux spéculations purement *aléatoires*, et qu'ils sont tous indifférents pour la conservation de leurs capitaux , pourvu que les grands profits de leur emploi instantané compensent les risques que ces spéculations entraînent avec elles.

De là ,

D'un côté, ces laborieuses combinaisons que l'on déclare nécessaires au développement de ce crédit dont j'ai déjà parlé ; celui par lequel, dans les mains de ses adeptes, comme nous le voyons tous les jours, au grand préjudice de la morale et de la société, tantôt, *le cuivre devient or*, et tantôt, *l'or devient à rien :*

De l'autre, ces déclamations perpétuelles contre un système qui le fonde, pour les gouvernements, non sur l'appât trompeur des gains que promet l'agiotage ; mais sur l'esprit d'ordre qui préside à l'administration publique , et sur l'inébranlable constance de celle-ci à accomplir toutes ses promesses.

Toutefois, je ne puis craindre qu'à ces conditions, quoiqu'elles semblent n'être pas également appréciées, aujourd'hui , par tout le monde, le crédit, dans son acception naturelle , qui appartient à tous les temps, et s'applique à toutes les branches du service public , dût jamais manquer à la fortune de la France.

Celui des orateurs de la Chambre des pairs qui s'est montré l'un des plus ardents défenseurs du remboursement (tel qu'il le comprenait), et, surtout, de la conversion, objectera-t-il aussi à l'appel au rachat, comme il l'a fait à une autre opération , l'inconvénient de procéder, entre les rentiers, par la voie du sort ?

Mais, en admettant que le remboursement, qu'il semblait appuyer, eût été une offre sérieuse, aurait-il espéré parvenir, d'une autre manière, à la restitution d'un capital de deux milliards ?

M. le ministre des finances n'a-t-il pas eu lui-même la franchise de déclarer « qu'il ne voudrait » pas que le système des séries fût écarté ; que le » droit de remboursement ne devait pas nécessai-» rement être exercé envers tous les créanciers, à » la fois ; que seulement , pour éviter tout arbi-» traire, la formation des séries, au lieu d'être » abandonnée à la volonté du gouvernement, de-» vait être confiée *au hasard*, ou à tout autre mode » sur lequel sa volonté ne pût influer ? »

Et l'art. 3 du projet de loi qui était proposé n'autorisait-il pas le remboursement par séries (1) ?

Enfin n'est-ce pas ainsi, que les départements et les communes sont, tous les jours, obligés de pourvoir au remboursement prescrit, dans un nombre d'années déterminé, par les lois qui les autorisent à emprunter; et ce mode les a-t-il empêchés de trouver toujours des prêteurs, ou a-t-i fait naître , de la part de ceux-ci , la moindre réclamation ?

(1) Le nouveau projet admet également ce procédé.

Par quelle raison , un procédé , reconnu légitime pour un remboursement *réel*, devrait-il perdre ce caractère , appliqué à l'appel au rachat , *qui n'est pas autre chose ;* si ce n'est que l'intérêt composé dont ses moyens s'augmentent, diminue le sacrifice à faire pour l'opérer ?

On pourrait présenter, de nouveau, comme des obstacles, des cas particuliers ; tels que les rentes viagères , ou alimentaires , assignées sur la rente de 5 francs, ainsi que les rentes immobilisées pour former des majorats, et, peut-être, d'autres encore.

Sans examiner s'il avait été convenable de frapper d'affectations perpétuelles ou d'une durée plus ou moins prolongée , une rente destinée , par son origine, à s'éteindre, graduellement, par un amortissement régulier ; je dirai que le droit , comme le devoir, dans l'intérêt bien compris de nos créanciers eux-mêmes , d'amortir la rente de 5 francs, ne pouvant être contestés par personne , l'on ne pourrait les éluder sans manquer à la foi publique, et que , d'un autre côté , la puissance de la loi ne peut être paralysée par des dispositions particulières qui en auraient violé l'esprit manifeste, dont on ne peut prétexter l'ignorance.

J'ajouterai que les auteurs du projet de loi que la Chambre des pairs a rejeté , avaient nécessairement prévu le besoin de pourvoir à ces cas divers, de la manière la plus propre à satisfaire les intérêts dont il s'agit, auxquels le remboursement proposé n'aurait pas été plus favorable : et ma confiance dans leur patriotisme ne me permet pas de craindre qu'ils refusassent leurs conseils sur la manière de lever ces difficultés, si l'administration pouvait en éprouver quelque embarras.

CONCLUSION.

Il est, ce semble, aujourd'hui, bien prouvé que ce n'est qu'en écartant constamment, de la discussion, la considération prédominante, comme je l'ai dit plus haut, des effets connus de la *perpétuité* de la rente, *symbole de la banqueroute*, et celle, si importante elle-même, des exigences des lois de 1816 et 1817, qui nous ont imposé le système destiné à en prévenir le danger, que les débats dans lesquels les partis opposés ont développé tant de talent, ont pu les occuper aussi long-temps. Je puis dire que ces deux considérations étaient de nature à former le point de ralliement de toutes les opinions : car personne, assurément, ne veut, ni, la violation des lois, ni, la ruine, plus ou moins différée, mais toujours certaine, des familles dont les chefs ont eu confiance en notre loyauté, dans des temps difficiles; et n'accepte le déshonneur qui en rejaillirait sur notre époque et sur le régime constitutionnel lui-même.

Tout le mal est venu, dans l'origine, de la disposition incomplète de l'acte législatif de 1825, qui a seulement *suspendu*, contre toute raison, l'action de l'amortissement, lorsqu'il eût été aussi facile que conséquent d'organiser, par la même loi, l'exercice de la faculté qu'elle lui conservait, de racheter la rente de 5 fr. jusques au pair.

Nous avons subi, depuis, la maligne influence de cette fausse mesure.

C'est elle qui a provoqué les attaques violentes portées à un système qui ne se recommandait plus par une utilité actuelle; tandis que les contribuables n'en continuaient pas moins de supporter, par sa dotation, une charge considérable; comme si la cause du mal n'eût pas été aussi évidente que la facilité d'y remédier !...

Mais on sait que des intérêts contraires s'étaient créés, en 1824, et que, protégés par l'autorité de quelques noms et du gouvernement lui-même, ils avaient bientôt prévalu sur les anciennes convictions.

C'est cette même mesure qui a amené le détournement de la dotation, successivement affectée à des consolidations de la dette flottante, ou à des travaux publics, tous deux utiles, sans doute, mais auxquels la loi ne l'avait pas destinée.

C'est elle, enfin, qui a rouvert les voies à cette proposition, repoussée une première fois, en 1824, par la chambre des pairs, et qui s'était reproduite, avec une assurance imposante, à la faveur de la stagnation prolongée de l'amortissement et de l'appui des nouveaux intérêts, qui n'ont pas cessé de nous poursuivre, et dont cette même proposition favorisait les espérances. Il est aisé d'apercevoir ce qu'ils avaient à gagner à un système de remboursement fondé sur des emprunts sans cesse renouvelés ; et ce que les contribuables avaient à y perdre.

Le gouvernement, pris au dépourvu, parut abandonner le principe qui repoussait une innovation dangereuse ; mais que l'opinion trompée réclamait impérieusement ; pour se retrancher dans un moyen d'éluder l'exécution immédiate d'un projet sur lequel on pouvait espérer que la réflexion porterait, avec le temps, dans les esprits prévenus, de nouvelles lumières.

La chambre des pairs, fidèle à un précédent honorable, a tranché nettement la difficulté, en maintenant, par l'effet naturel de son vote, le principe de la loi dans toute sa vigueur.

Les choses en sont ainsi venues au point où il ne paraît plus permis d'hésiter sur la nécessité de sortir, franchement et sans plus de délai, de la route périlleuse où l'on s'était imprudemment engagé. J'en reproduis un moyen, et j'appelle, de nouveau, la discussion sur mes propositions: heureux si, en essayant, encore une fois, d'attirer sur elles l'attention que j'ai vainement sollicitée, depuis plusieurs années, pour mon instruction personnelle ; j'avais pu faire naître quelque idée propre à assurer mieux l'exécution des prescriptions dont la sagesse est garantie par la leçon de l'histoire ; leçon qui répond à toutes les objections , et dont elle vengerait, un jour, le mépris , en frappant le temps présent de la tache ineffaçable qu'elle a imprimée à ceux qui l'ont précédé !.... Car , ainsi que je l'ai déjà dit, l'amour-propre ne peut jouer aucun rôle dans une affaire où la fortune publique est aussi éminemment intéressée ; et d'ailleurs, en elle-même, trop simple pour lui rien offrir dont un succès pût lauoriser à s'enorgueillir.

Je n'ai pas cru manquer au système que je dé-fends, en admettant, au profit des contribuables, l'annulation décennale des rentes rachetées. Il est vrai que cette disposition qui n'a, au surplus, rien de contraire à l'esprit de la loi primitive, est, d'abord, principalement favorable à la géné-ration présente; mais n'est-ce pas elle qui aura supporté la plus forte partie du poids de circon-stances dont l'histoire offre peu d'exemples? Et n'est-ce pas à ses sacrifices supportés avec une si courageuse résignation, que les générations fu-tures devront la situation avantageuse dans la-quelle elles recevront le pays?

Elles n'auraient donc point à regretter le ralen-tissement que cet acte de justice ou les besoins de la défense du territoire (dans le cas prévu par le projet d'articles qui termine cet écrit) auraient fait éprouver aux effets de l'amortissement; et elles participeraient naturellement au bienfait des annulations successives, par la réduction re-lative de la charge, en capital et intérêts, que la perpétuité de notre dette actuelle leur aurait iné-vitablement transmise.

J'ai cru convenable de représenter ici, une partie des principales considérations sur lesquelles je m'étais antérieurement appuyé, afin de donner à mon travail un ensemble qui (s'il arrivait que la faveur d'une réfutation ne me fût pas, cette fois, refusée), en même temps qu'il présenterait les nouvelles réflexions que la discussion de la chambre des pairs m'a suggérées, dispensât du besoin de recourir à mes précédentes publications, dont je n'ai pas même le droit de me flatter qu'il subsiste quelques traces.

Suivent le tableau qui offre les résultats de mes propositions, et le projet d'articles qui les résume.

TABLEAU

De la situation du capital de la rente de 100 millions, à chaque époque décennale, à partir de 1840 ; et de la dépense pour le paiement de la rente successivement décroissante, jusqu'à son extinction ; par l'effet du rachat, au pair, avec une dotation annuelle de 32 millions, en annulant, tous les dix ans, les rentes rachetées.

ÉPOQUES DÉCENNALES A PARTIR DE 1840.	SOMMES DUES PAR L'ÉTAT A CHAQUE ÉPOQUE.		DÉPENSE PAR DÉCENNALITÉ, pour le paiement de la rente, successivement décroissante.
	En capital.	En rentes.	
En 1841,	2,000,000,000 f.	100,000,000 f.	De 1840 à 1851..... 1,000,000,000 f.
En 1851, après la 1re annulation de 20 millions de rente rachetés.	1,600,000,000	80,000,000	De 1851 à 1861..... 800,000,000
En 1861, après la 2e annulation de 20 millions de rente rachetés.	1,200,000,000	60,000,000	De 1861 à 1871..... 600,000,000
En 1871, après la 3e annulation de 20 millions de rente rachetés.	800,000,000	40,000,000	De 1871 à 1881..... 400,000,000
En 1881, après la 4e annulation de 20 millions de rente rachetés.	400,000,000	20,000,000	De 1881 à 1891..... 200,000,000
En 1891, après la dernière annulat. de 20 millions de rente rachetés.	»	»	»
			Total général 3,000,000,000 f.

RÉSULTAT DÉFINITIF.

En l'absence de l'amortissement, les contribuables auraient dû dépenser, en conformité de nos engagements, pour le seul paiement de la rente, pendant 50 ans (de 1840 à 1891), la somme totale de   5,000,000,000 f.

Et ils seraient *restés débiteurs*, en 1891, du capital de 2 milliards et de la rente de 100 millions.

Par l'opération proposée, ils dépensent dans le même intervalle :

1° Pour le paiement de la rente 3,000,000,000
2° Pour la dotation annuelle de 32 millions 1,600,000,000

} 4,600,000,000

Différence en moins.   400,000,000 f.

Et ils sont *libérés* du capital et de la rente, successivement réduits, tous les dix ans, d'un cinquième, à leur profit, sans blesser, à l'égard des créanciers, les règles de la plus étroite justice, et en ménageant, en outre, dans l'exécution, leurs convenances particulières.

On conçoit que ce résultat suppose l'action, non interrompue, du rachat, pendant cinquante ans, et l'annulation régulière des rentes rachetées, dans le cours de chaque décennalité.

Il serait sans objet de rappeler ceux analogues que j'avais produits en 1836, de la comparaison des effets de l'*appel au rachat*, avec les profits à attendre de la *conversion*, dont il n'est pas présumable qu'il puisse être encore question, malgré que sept ou huit conseils généraux, apparemment peu attentifs à ce qui se passe dans les chambres législatives, en aient renouvelé le vœu, au milieu du silence *expressif* de tous les autres, dans leur dernière session (1).

Par quel motif supposerait-on, en effet, que la chambre des pairs pût se porter, désormais, à désavouer, à la face de l'Europe, où nos tribunes retentissent, une doctrine fondée sur une expérience acquise et sur des lois auxquelles elle vient de rendre un nouvel et éclatant hommage ?

(1) Je m'étais trompé, dans mes conjectures, en 1838.

PROJET D'ARTICLES

CONCERNANT

LE RACHAT DE LA RENTE DE 5 FRANCS.

ART. 1ᵉʳ.

Le paragraphe 2 de l'art. 3 de la loi du 17 mai 1837, portant que les rentes que le ministre des finances sera autorisé à faire inscrire pour les travaux publics, pourront être données à la Caisse d'amortissement, en échange des bons dont elle se trouvera propriétaire, aux termes de la loi du 10 juin 1833, est rapporté.

ART. 2.

A partir de l'exercice 1840, la somme de 32 millions affectée à la dotation de l'amortissement de la rente inscrite au grand-livre des 5 p. 0/0, sera versée, en numéraire, par douzième et par mois, par le Trésor, à la Caisse d'amortissement.

ART. 3.

Chaque année (à compter de la même année

1840, dans les quinze premiers jours du mois de décembre, les rentes inscrites au grand-livre des 5 p. 0/0 (à l'exception de celles appartenant à la Caisse d'amortissement, à la Légion-d'Honneur, aux fonds de retraite et aux établissements subventionnés par le Trésor public), seront soumises à un tirage au sort, pour composer un capital, au pair, double de la somme dont la Caisse d'amortissement aura la disposition, au 1er janvier suivant.

En conséquence, le grand-livre sera momentanément fermé, du 1er au 15 décembre, inclusivement, de chaque année, et la liste des numéros sortis sera publiée, dans le même intervalle.

ART. 4.

Les propriétaires des inscriptions désignées par le sort, les remettront du 1er janvier au 20 mars de la nouvelle année, à la Caisse d'amortissement, où ils recevront, en échange : 1° le remboursement, au pair, en numéraire, de la moitié de la rente ; 2° un certificat du montant de l'autre moitié, à laquelle ils continueront d'avoir droit et dont l'inscription leur sera délivrée, au bureau du grand-livre ; 3° un bon, sur le trésor, du semestre entier échéant au 22 mars , de leur rente primitive, lequel leur sera payé au trésor.

Art. 5.

Les nouvelles inscriptions réduites ne pourront être soumises , de nouveau , au sort, qu'après que toutes les autres auront été appelées au rachat.

Art. 6.

Les rentes remboursées en numéraire, seront réinscrites au grand-livre , au nom de la Caisse d'amortissement, qui en percevra les arrérages , pour les employer à ses opérations, pendant dix années , après lesquelles les 20 millions de rente qu'elle aura rachetés , dans cet intervalle, dans le fonds de 5 p. 100 , seront annulés , par un acte législatif, et le crédit de la dette publique réduit, d'autant, au budget.

Art. 7.

Néanmoins , si la réserve établie par l'art. 8 ci-après , avait été employée, en tout ou en partie, pour le cas prévu par cet article , les nouvelles rentes rachetées, dans le cours de la première décennalité ou dans les autres, seraient appliquées, jusqu'à due concurrence, à la recomposer, ou à la compléter.

Art. 8.

Les 12 millions de rente dont la Caisse d'amortissement est encore propriétaire, dans le fonds de 5 p. 100, y formeront une réserve dont il ne pourra être disposé, sous quelque prétexte que ce soit, qu'en vertu d'une loi spéciale, et seulement, pour se procurer, au besoin, les moyens de subvenir, sans augmenter l'impôt, aux frais extraordinaires de la défense du territoire.

Cette réserve s'accroîtra successivement des arrérages, dont le produit sera employé à l'achat, dans les fonds au pair ou au dessous, de rentes qui y demeureront réunies, avec la même destination.

OBSERVATION PARTICULIÈRE.

Le but des art. 7 et 8 est, comme on le voit, de régulariser le genre de thésaurisation que notre système de crédit produit, occasionnelle-

ment, par les rentes que l'amortissement accu-
mule, et de former, pendant toute sa durée, une
réserve permanente, d'une nature supérieure à
celle, en *numéraire effectif*, que se ménageaient,
dans leur enfance, les gouvernements prévoyants,
afin de ne pas se trouver au dépourvu, dans un
besoin pressant pour la défense des droits ou de
l'indépendance du pays.

Dans le cas où l'affectation proposée, serait jugée insuffisante, pour répondre convenablement
à sa destination, il serait facile de l'accroître d'u-
ne partie des autres rentes que la Caisse d'amortissement possède aujourd'hui.